_____ 님께

_____ 을(를) 선물로 드립니다.

_____ 드림

부처님 말씀
따라쓰기

책을 내며 | 내 마음에 새기는 부처님 말씀

"손가락 한 번 튕기는 사이에 마음은 960번 움직인다."
『화엄경』에 나오는 말입니다.
이처럼 우리의 마음은 변화무쌍합니다. 하지만『숫타니파타』에 나오는
"깊은 바다는 파도가 없으며 늘 고요하고 잔잔하다."는 구절처럼
'마음에 평정을 이룬 사람'의 마음은 파도가 없는 깊은 바다에 비유됩니다.
우리에게 필요한 것은 깊은 바다가 품고 있는 마음의 평화입니다.

세상이라는 길을 걷다 보면 마음이 힘들 때가 많습니다.
살면서 겪게 되는 기쁨과 분노, 슬픔과 즐거움 등의 모든 감정은
외부로부터 오는 것처럼 보이지만 실제로는 마음에서 비롯됩니다.
그런데 마음은 파도 치는 바다처럼 늘 흔들리고 또 흔들립니다.
"흔들리지 않고 피는 꽃이 어디 있으랴."는 도종환 시인의 시에
위안을 받기도 하지만 금방 마음에 평화가 오는 것은 아닙니다.
마음의 평화는 어떻게 오는 걸까요?

"나무는 꽃을 버려야 열매를 맺고 강물은 강을 버려야 바다에 이른다." 이 또한 『화엄경』에 나오는 말입니다. 이 한 구절이 마음의 평화를 찾는 길을 다 알려 준다고 할 수는 없지만 마음의 평화를 찾아 구도의 길을 나선 후 깨달음을 얻으신 부처님처럼 우리도 매일 부처님의 말씀을 기억하고 마음에 새긴다면, 그것을 실천하기 위해서 노력한다면 언젠가는 그 깨달음에 이를 것입니다.

『부처님 말씀 따라쓰기』는 수만 명의 불자들께 문자로 제공되었던 BBS 불교방송 '오늘의 부처님 말씀'을 토대로 하였습니다. 그 중에서 누구나 공감할 만한 부처님 말씀 108개를 뽑아, 매일 쓰면서 마음을 다스릴 수 있도록 필사 책으로 만들었습니다. 한 자 한 자 정성껏 쓰다 보면 어느새 번뇌는 사라지고 마음은 평화로워질 것입니다. 마음이 평화로워지면 그 마음들을 내어 함께 살아가는 세상도 평화로워지리라 믿습니다. 마음의 평화가 곧 세상의 평화입니다. 또한 '글씨는 그 사람의 마음'이라고 했습니다. 부처님 말씀을 따라 쓰되 또박또박, 정성껏 그리고 한 획 한 획 써 내려가면서 자신만의 서체를 완성해 나가시길 기원합니다. 이로써 마음과 세상의 평화를 이루시길 또한 기원합니다.

2016년 5월, 부처님 오신 날을 앞두고

이렇게 써 보세요

1 필기구 잡는 법

필기구는 엄지, 검지, 중지 등 세 손가락으로 엄지와 중지의 모습이 **1**처럼 둥글게 되도록 살짝 당겨 잡습니다. 정권(正拳) 살짝 아래를 지나게 잡습니다.

2 주먹과 지면의 각도

주먹과 지면의 각도는 **2**처럼 45도 정도 되게 기울여 잡습니다.

3 필기구 잡는 위치

필기구가 깎인 혹은 깎인 듯한 지점에서 1cm 정도 위를 잡습니다. 세 손가락의 위치를 정면에서 본다면 ③처럼 손가락 끝이 가지런히 모이고 삼각형을 이루도록 잡습니다.

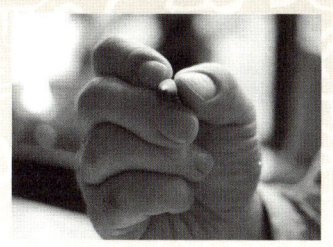
③

4 세 손가락에 살짝 힘을

조금만 글씨를 써도 팔이 아프다는 분들이 있습니다. 불필요하게 팔에 힘을 많이 주기 때문입니다. 세 손가락에 살짝 힘을 주어 글씨를 씁니다.

5 안정된 자세

팔꿈치를 책상 위에 올려 놓고 글씨를 씁니다. 그래야 팔의 자세가 안정되고 바르게 되어 글씨 쓰기에 편하고 좋습니다.

6 필기구의 선택

글씨 교정이 필요하다면 삼각 연필이나 삼각 볼펜을 권합니다. 어느 정도 서체가 완성되었다면 만년필도 괜찮습니다.

이렇게 활용하세요

1. **준비물 챙기기**
   우선 주변을 깨끗이 정돈한 다음 필사 책과 필기구를 준비합니다. 필요에 따라 향이나 초를 준비하셔도 좋습니다.

2. **읽고 따라 쓰기**
   먼저 부처님 말씀 하나를 천천히 읽습니다. 그 다음에는 원고지에 써 있는 글씨체 그대로 따라 써 봅니다. 원고지에 빈 칸이 남

는다면 한두 번 더 써 봅니다. 이 글씨체는 글씨 교정이나 바른 글씨체를 원하는 분들이 따라 쓸 수 있도록 개발한 '훈민정필체' 입니다.

3 부처님 말씀 한 번 더 따라 쓰기

오른쪽 페이지는 왼쪽에서 따라 써 본 부처님 말씀을 한두 번 더 따라 써 보는 페이지입니다. 가급적 천천히, 또박또박 써 보세요. 필요에 따라서 생각나는 부처님 말씀이나 명언 등을 써도 좋고, 일기를 쓰는 것처럼 그날 자신의 생각이나 바람을 써도 좋습니다. 정성껏 마음을 다해 또박또박 써 보는 것이 중요합니다.

4 오늘의 발원

오늘의 부처님 말씀 하나를 다 쓰고 오른쪽 페이지까지 다 채웠다면 잠시 눈을 감고 명상을 해도 좋습니다. 부처님 말씀의 참뜻을 생각하면서 다시 한번 마음에 새겨 보세요. 오른쪽 페이지 아래에 있는 '오늘의 발원' 란에 날짜를 쓰고, 오늘의 발원문을 짧은 글로 써 보세요.

5   마음을 보내세요

BBS 불교방송 '오늘의 부처님 말씀' 문자 서비스를 이용하는 불자들은 가족이나 친지 또는 친구들에게 '문자 서비스'를 선물하는 것을 큰 공덕으로 생각합니다. 특히 『부처님 말씀 따라쓰기』는 젊은이를 비롯하여 외국인들과도 소통하기 위해 부처님 말씀을 영문으로 번역하여 제공하고 있습니다. 필기구와 함께 이 책을 선물한다면 사경의 기쁨이 더 커질 것입니다.

사경에 대하여

사경(寫經, 경문經文을 베끼는 일)은 부처님 말씀을 담은 경전(經典)을 베껴 쓰는 것을 말합니다. 원래는 불경을 후세에 전하거나 승려의 독송 연구 또는 서사(書寫, 글씨를 베낌)의 공덕을 위해 만들어졌으나, 인쇄술이 발달한 현대에 와서는 주로 공덕(功德, 좋은 일을 행한 덕으로 훌륭한 결과를 가져오게 하는 능력)과 수행의 방편으로 행해지고 있습니다.

1 사경의 역사와 의미

사경(寫經)의 역사가 곧 불교의 역사라고 할 만큼 불교에서 사경은 중요합니다. 2천5백 년 불교 역사에서 한국 스님뿐만 아니라 중국, 티벳, 일본 등 여러 나라에서 법을 구하기 위해 목숨을 건 길을 떠났습니다. 그 길은 모래바람으로 숨조차 쉴 수 없는 사막 길, 어느 누구도 밟은 적이 없는 깊은 산과 황야를 한 걸음 한 걸음씩 살얼음 위를 걷듯이 조심스러운 길이기도 했습니다. 또 눈

덮인 히말라야의 길, 높고 깎아지른 절벽 길은 물론이고, 언제 강물이 휩쓸고 지나갈지 가늠할 수 없는 길이기도 했습니다. 진리에 대한, 불법에 대한 목마름과 헌신이 없었다면 한 걸음도 뗄 수 없는 길이었습니다.

사경(寫經)은 시간적으로는 법을 미래세에 전하는 일이고, 공간적으로는 법을 이웃에서 이웃으로 전해 주는 전법의 길, 교화의 길이었습니다. 또 개인에게는 구도의 방법이자 해탈의 문이었으며, 문화·역사적으로는 인쇄술의 발달과 문화·지적 활동의 진흥을 가져왔습니다.

이러한 역사적 의미가 있는 사경을 통해 구도와 전법의 마음을 되새겨 보세요. 부처님의 말씀을 마음에 새겨서 정신이 성장하고 삶이 성숙하는 계기가 되었으면 합니다.

2. 사경의 공덕

- 부처님의 가르침을 바르게 이해하게 됩니다.
- 어리석고 어둡던 마음이 밝아지고 총명해집니다.
- 심한 번민과 갈등이 가라앉고 편안한 마음을 얻습니다.
- 오랜 병고가 사라지고 심신이 강건해집니다.

● 속세의 업장(業障, 말, 동작 또는 마음으로 지은 악업에 의한 장애)이 소멸되고 마음은 무한한 기쁨으로 충만해집니다.

● 소원이 이루어지고 한량없는 불보살님의 가피력(加被力, 부처나 보살이 자비의 마음으로 중생을 이롭게 하려고 주는 힘)을 지니게 됩니다.

● 인내력과 정진력이 향상되어 어려운 일 없이 모든 일이 원만히 성취됩니다.

● 바른 글씨를 쓰게 되고, 나아가 자신만의 서체를 갖게 됩니다.

3 사경 의식

다음에 정리한 사경 의식은 불자에게는 보편화된 것입니다. 따라서 불자가 아닌 분들은 다음 사항 중에서 필요하다고 생각하는 것만 지키면 됩니다. 먼저 주변을 깨끗이 정리한 다음 몸과 마음을 가다듬고, 천천히 부처님 말씀을 마음에 새기면서 베껴 쓰면 됩니다. 조용한 명상 음악을 틀어 놓거나 향이나 초를 살라 경건한 분위기를 만들면 마음을 평화롭게 하는 데 도움이 될 것입니다.

● 주변을 깨끗이 정리하고 몸과 마음을 가다듬습니다.

● 향을 사릅니다.

● 삼귀의례를 합니다.

● 사경발원문을 낭송합니다.

● 5분 정도 입정(入定, 삼업三業을 그치게 하고 선정禪定에 들어가는 일)하면서 호흡과 심신을 안정시킵니다.

- 경전의 내용을 마음에 새기면서 사경합니다.
- 사경한 내용을 다시 읽고, 발원과 회향(回向, 자기가 닦은 선근 공덕을 다른 중생이나 자기 자신에게 돌림)을 염(念, 조용히 불경이나 진언眞을 따위를 외움)하면서 삼배를 올립니다.
- 사경 도중에는 일체의 잡된 일을 하지 않도록 합니다.
- 정한 시간만큼은 다른 장애물이 끼어들지 않도록 합니다. 부득이하게 사경을 중단했을 경우에는 입정 시간을 갖고 다시 시작합니다.
- 오자나 탈자가 생기지 않도록 주의합니다.
- 사경하는 동안 같은 색의 펜으로 일정하게 하는 게 좋습니다.

일러두기

● 이 책은 BBS 불교방송 '오늘의 부처님 말씀' 문자 서비스를 통해 제공되었던 부처님 말씀 원고를 토대로 만들어졌습니다.

● 불자, 일반 독자, 작가, 편집자 등이 본래 원고를 검토하여 누구나 다 공감할 수 있는 부처님 말씀 108개를 선별하였고, 한글 맞춤법 표기에 맞고 이해하기 쉽도록 원고를 일부 수정하였습니다.

● 이 책에 실린 원고 중 영문 원고는 BBS 불교방송에 저작권이 있으므로, 이를 허락없이 사용해서는 안 됩니다.

● 이 책에서 따라 쓰기용으로 제공된 서체는 글씨 교정용으로 개발된 '훈민정필체'로, '훈민정필'과 '작은숲'에 저작권이 있습니다.

● 훈민정필 서체로 글씨 교정 연습을 더 하고 싶은 분들은 인터넷서점에서 '훈민정필'을 검색하세요. 문의처 http://www.hoonpil.com / 전화 032-817-0221

● BBS 불교방송 '오늘의 부처님 말씀' 문자 서비스는 휴대 전화로 매일 부처님 말씀을 제공받는 서비스입니다. 문의처 http://www.bbsi.co.kr / 전화 1855-3000

내 마음에 새기는 5분 필사

BBS 불교방송
오늘의 부처님 말씀

부처님 말씀 따라쓰기

비단길

대장엄론경

001 악한 말은 자기도 해롭고

악한 말은 자기도 해롭고
남에게도 해를 입힌다.

| 악 | 한 | | 말 | 은 | | 자 | 기 | 도 | | 해 | 롭 |
| 고 | | 남 | 에 | 게 | 도 | | 해 | 를 | | 입 | 힌 | 다 . |

Unwholesome words harm both one's self and others.

017
부처님말씀
따라쓰기

오늘의 발원

년 월 일

숫타니파타
자신 안에서 찾으라

고요함을 밖에서 찾지 말고
자신 안에서 찾으라.

고	요	함	을		밖	에	서		찾	지
말	고		자	신		안	에	서		찾	으	라.

Do not seek tranquility outside of self but within.

019
부처님말씀
따라쓰기

오늘의 발원   년   월   일

유마경

바다에 들어가지 않으면

바다에 들어가지 않으면
진주를 얻을 수 없다.
번뇌의 바다에 들어오지 않으면
지혜의 보배는 얻을 수 없다.

바	다	에		들	어	가	지		않	으	면
진	주	를		얻	을		수		없	다	.
번	뇌	의		바	다	에		들	어	오	지
않	으	면		지	혜	의		보	배	는		얻
을		수		없	다	.					

Without diving into the ocean, a pearl cannot be attained. Likewise, without venturing into the ocean of one's own afflictions, the jewel of wisdom cannot be attained.

021
부처님말씀
따라쓰기

오늘의 발원   년 월 일

004
잡아함경

미움을 미움으로 대하면

미움을 미움으로 대하면 그 미움은
반드시 자신에게로 되돌아온다.
미움을 미움으로 대하는 사람은
누구든 재앙을 벗어날 수 없다.

미	움	을		미	움	으	로		대	하	면
그		미	움	은		반	드	시		자	신	에
게	로		되	돌	아	온	다	.		미	움	을
미	움	으	로		대	하	는		사	람	은
누	구	든		재	앙	을		벗	어	날		수
없	다	.

If you return hate for hate, hate will return to you.
Whoever returns hate for hate cannot escape disaster.

023
부처님말씀
따라쓰기

오늘의 발원   년 월 일

초발심자경문

005 자주 날아다니는 새는

자주 날아다니는 새는
그물에 걸리는 화를 당하기 쉽고
가벼이 날뛰는 짐승은 화살에 맞기 쉽다.
그러므로 행동을 조심할지어다.

자	주		날	아	다	니	는	새	는
그	물	에		걸	리	는		화	를	당	하
기		쉽	고		가	벼	이		날	뛰	는
짐	승	은		화	살	에		맞	기		쉽	다	.
그	러	므	로		행	동	을		조	심	할	지
어	다	.

Birds that fly about frequently are apt to be caught in nets, and animals acting indiscreetly are apt to be shot by arrows. Therefore, one should be discrete in their conduct.

025
부처님말씀
따라쓰기

오늘의 발원

년 월 일

정법염처경

006 성내는 마음은 우박과 같아서

자비로 분노를 다스려라.
성내는 마음은 우박과 같아서
잘 익은 곡식들을 못 쓰게 만드니
오직 바른 지혜의 눈만이
그 어둠을 다스릴 수 있다.

자	비	로		분	노	를		다	스	려	라.
성	내	는		마	음	은		우	박	과		같
아	서		잘		익	은		곡	식	들	을
못		쓰	게		만	드	니		오	직		바
른		지	혜	의		눈	만	이		그		어
둠	을		다	스	릴		수		있	다.

Embrace anger with compassion. Anger may be compared to hail that harms well-ripened crops. Only the eye of wisdom can pacify the darkness of anger.

027
부처님말씀
따라쓰기

오늘의 발원   년 월 일

열반경

007 태어난 것은 반드시 죽게 되고

태어난 것은 반드시 죽게 되고,
밝음은 반드시 어둠을 동반하나니
바로 이것이 영원히 변치 않는 진리이니라.

What is born will ultimately die, and light is ultimately accompanied by darkness. These are truths that are eternal and unchanging.

029
부처님말씀
따라쓰기

오늘의 발원

년 월 일

잡아함경

008 생각보다 더 빨리 변하는 것은

자기 자신보다 더 사랑스러운 것이 없고
곡식보다 더 귀한 재물이 없으며
지혜보다 더 밝은 것이 없고
생각보다 더 빨리 변하는 것은 없느니라.

For ordinary people nothing is dearer than one's self. Grain is far more precious than any wealth. Nothing is brighter than wisdom. One's thoughts change faster than anything in the world.

031
부처님말씀
따라쓰기

오늘의 발원

년 월 일

보왕삼매론

009 몸에 병 없기를

몸에 병 없기를 바라지 마라.
몸에 병이 없으면 탐욕이 생기기 쉽나니
그래서 성인이 말씀하시되
'병고로써 양약을 삼으라' 하셨느니라.

몸	에		병		없	기	를		바	라	지
마	라	.	몸	에		병	이		없	으	면
탐	욕	이		생	기	기		쉽	나	니		그
래	서		성	인	이		말	씀	하	시	되
'	병	고	로	써		양	약	을		삼	으	라 '
하	셨	느	니	라	.

Do not expect to be free from disease. Without disease, you are prone to become greedy. Thus, sages told us to regard suffering from disease as good medicine.

033
부처님말씀
따라쓰기

오늘의 발원　　　　　　　　　　　년　월　일

숫타니파타

010 깊은 바다는 파도가 없으며

깊은 바다는 파도가 없으며
늘 고요하고 잔잔하다.
마음에 평정을 이룬 사람도 마찬가지다.

Deep in the ocean there are no waves. There, it is always calm and silent. The same is true of those who attain peace of mind.

035

부처님말씀
따라쓰기

오늘의 발원

년 월 일

불설문수사리정률경

011 게으름은 더러움에 이르는 길

게으름은 더러움에 이르는 길이요,
정진은 깨끗함에 이르는 길이다.
방일은 마음을 어지럽게 하는 길이요,
한결같은 마음은 고요에 이르는 길이다.

Laziness is the path to defilement while vigilance is the path to purity. Idleness is the path to an agitated mind while a steadfast mind is the path to tranquility.

037
부처님말씀
따라쓰기

오늘의 발원   년   월   일

법구경

012 고뇌하는 사람들 가운데 있으면서

고뇌하는 사람들 가운데 있으면서
고뇌에서 벗어나 즐겁게 살자.

Let us live happily and free from agony in the midst of suffering.

039
부처님말씀
따라쓰기

오늘의 발원   년 월 일

불설보살본행경

013 구걸하는 사람을 보고

구결하는 사람을 보고
얼굴을 찡그리면 동시에
지옥문이 열린다.

구	걸	하	는		사	람	을		보	고	
얼	굴	을		찡	그	리	면		동	시	에
지	옥	문	이		열	린	다	.			

The moment you frown upon a beggar, the gate to hell is open.

041
부처님말씀
따라쓰기

오늘의 발원   년   월   일

달마어록

014 그물 생각을 잊어버리듯이

그물로 고기를 잡지만 잡고 나서는
그물 생각을 잊어버리듯이
말에 의지하여 뜻을 알지라도
이미 알았으면 말을 잊어야 한다.

Though one catches fish with a net, they forget about the net afterward. Likewise, though one understands a passage by relying on words, they must forget about the words afterward.

043
부처님말씀
따라쓰기

오늘의 발원　　　　　　　　　　　년　월　일

잡아함경

근거없는 비방에는

근거 없는 비방에는 침묵하라.
나쁜 소문은 마음에 담지 마라.

Remain silent to baseless accusations. Do not keep false rumors in the mind.

045
부처님말씀
따라쓰기

오늘의 발원   년   월   일

법화경

016 금세 짜낸 우유가 상하지 않고

금세 짜낸 우유가 상하지 않고,
재에 덮인 불씨가 그대로 있듯
지은 업은 당장에는 안 보이나
그늘에 숨어 있어 그를 따른다.

금	세		짜	낸		우	유	가		상	하
지	않	고,	재	에		덮	인		불	씨
가		그	대	로		있	듯		지	은	업
은		당	장	에	는		안		보	이	나
그	늘	에		숨	어		있	어		그	를
따	른	다.

Just as fresh milk straight from the cow doesn't go bad, and embers under the ash continue to glow, the karma one accrues is not seen instantly but follows one hidden in the shadows.

047

부처님말씀
따라쓰기

오늘의 발원

년 월 일

불반니원경

017 깨끗한 마음을 가지면

깨끗한 마음을 가지면
지혜가 생길 것이요,
마음에 지혜가 생기면
곧 깨달음이 생길 것이다.

When you dwell in pure mind, you will soon acquire wisdom. When you have wisdom, you will soon attain enlightenment.

049
부처님말씀
따라쓰기

오늘의 발원

년 월 일

잡보장경

018 나무 밑 작은 그늘에서 쉬었다면

나무 밑 작은 그늘에서 쉬었다면
고마운 줄 알아서 그 가지와 잎사귀,
꽃과 열매를 꺾지 마라.

	나	무		밑		작	은		그	늘	에	서
쉬	었	다	면		고	마	운		줄		알	아
서		그		가	지	와		잎	사	귀	,	꽃
과		열	매	를		꺾	지		마	라	.	

If you rest under the shade of a tree, be grateful and do not take its leaves, branches or flowers.

051
부처님말씀
따라쓰기

오늘의 발원

년 월 일

우바새계경

019 나보다 나은 사람을 보고

나보다 나은 사람을 보고 질투하지 말며,
내가 남보다 낫다고 교만하지 마라.

나	보	다		나	은		사	람	을		보
고		질	투	하	지		말	며	,	내	가
남	보	다		낫	다	고		교	만	하	지
마	라	.									

Do not be jealous of one who is better off than you, and do not feel superior to one who is worse off than you.

053
부처님말씀
따라쓰기

오늘의 발원   년   월   일

신심명

020 말이 많고 생각이 많으면

말이 많고 생각이 많으면
진리로부터 점점 멀어진다.
말과 생각이 끊어지면
어느 곳엔들 통하지 않으리.

When one has much to say and think, one gets further away from the truth. Only when all thoughts and words are extinguished, can one finally penetrate all things.

055
부처님말씀
따라쓰기

오늘의 발원

년 월 일

능가경

이 세상은 오직 마음일 뿐

이 세상은 오직 마음일 뿐,
그 이외에 다른 모든 것들은 없다고 보라.

Consider that the external world is a creation of mind itself and that there is nothing else except mind.

057
부처님말씀
따라쓰기

오늘의 발원

년 월 일

유행경

몸은 항상 자비를 행하여

몸은 항상 자비를 행하여
산목숨을 해치지 마라.
말을 하되 부드럽게 하고
나쁜 말을 하지 마라.

몸	은		항	상		자	비	를		행	하
여		산	목	숨	을		해	치	지		마	라.
말	을		하	되		부	드	럽	게		하	고
나	쁜		말	을		하	지		마	라.

Do not harm any life; practice compassion. Speak gently and do not speak ill of others.

059
부처님말씀
따라쓰기

오늘의 발원   년   월   일

우바새계경

023 남의 착한 일은 드러내 주고

남의 착한 일은 드러내 주고
허물은 숨겨 주라.
남의 부끄러운 점은 감추어 주고
중요한 이야기는 발설하지 마라.

남	의		착	한		일	은		드	러	내
주	고		허	물	은		숨	겨		주	라.
남	의		부	끄	러	운		점	은		감	추
어		주	고		중	요	한		이	야	기	는
발	설	하	지		마	라.

Reveal the good others have done and hide their faults.
Hide the shame of others and do not leak important matters.

061
부처님말씀
따라쓰기

오늘의 발원

년 월 일

법구경
024 물방울이 모여 항아리를 채우듯

내게는 업보가 오지 않을 것이라며
작은 악을 가볍게 여기지 마라.
물방울이 모여 항아리를 채우듯
작은 악이 쌓여 큰 죄악이 된다.

Do not take small sins lightly thinking that you will be exempt from karmic retribution. Just as tiny drops of water eventually fill a pot, small sins accumulate to become a great sin.

063
부처님말씀
따라쓰기

오늘의 발원　　　　　　　　　　　년　월　일

유행경

025 너그럽게 살아라

너그럽게 살아라.
남에게 손해를 입히지 말고
이익을 얻으면 대중과 함께 나눠라.

너	그	럽	게		살	아	라	.	남	에	게
손	해	를		입	히	지		말	고		이	익
을		얻	으	면		대	중	과		함	께
나	눠	라	.								

Live with a generous mind. Do not inflict loss on others.
When you have gain or profit, share them with others.

065
부처님말씀
따라쓰기

오늘의 발원   년   월   일

소부경전

026 혹시라도 나쁜 짓을 했다면

혹시라도 나쁜 짓을 했다면
그것을 되풀이하지 않도록 노력하라.

Should a person commit evil, let him not do it again and again.

067
부처님말씀
따라쓰기

오늘의 발원   년 월 일

잡아함경

너희 소유가 아닌 것은

너희 소유가 아닌 것은 집착하지 말고
다 버릴 줄 알라.
내 것이 아닌 것을 모두 버릴 때
항상 안락하다.

Do not covet what is not yours. Let go of all want. Peace of mind will come when you renounce all that is not yours.

069
부처님말씀
따라쓰기

오늘의 발원

년 월 일

화엄경

028 나무는 꽃을 버려야 열매를 맺고

나무는 꽃을 버려야 열매를 맺고
강물은 강을 버려야 바다에 이른다.

나	무	는		꽃	을		버	려	야		열
매	를		맺	고		강	물	은		강	을
버	려	야		바	다	에		이	른	다	.

Trees bear fruit only when they drop their flowers; rivers merge with the ocean only when they let go of their 'riverness'.

071
부처님말씀
따라쓰기

오늘의 발원

년 월 일

찬집백연경

029 높다는 것도 언젠가는

높다는 것도 언젠가는 떨어지고,
있다는 것도 언젠가는 없어지며,
태어난 자 언젠가는 죽어 가고,
모이는 자 마침내 흩어지네.

Things that reach great heights will eventually descend, and things of today will disappear sooner or later. All who are born will die eventually, and all that comes together will separate in the end.

073
부처님말씀 따라쓰기

오늘의 발원   년 월 일

화엄경

늘 진실과 자비의 마음이면

늘 진실과 자비의 마음이면
내가 서 있는 곳이 바로 극락이라.

늘		진	실	과		자	비	의		마	음
이	면		내	가		서		있	는		곳	이
바	로		극	락	이	라	.					

Equipped with a truthful and compassionate mind, the place one stands is a paradise.

075
부처님말씀
따라 쓰기

오늘의 발원   년   월   일

아함경

031 다른 사람이 곧 나요

다른 사람이 곧 나요,
내가 곧 남이라고 생각하여
나 아닌 남에게 상처를 주어서는 안 된다.

다	른		사	람	이		곧		나	요	,
내	가		곧		남	이	라	고		생	각	하
여		나		아	닌		남	에	게		상	처
를		주	어	서	는		안		된	다	.

One should abstain from hurting others and should regard others as self, and self as others.

077
부처님말씀
따라쓰기

오늘의 발원   년   월   일

법구경

지혜로운 사람은

단단한 바위가 바람에 흔들리지 않는 것처럼
지혜로운 사람은 칭찬과 비방에
흔들리지 않는다.

단	단	한		바	위	가		바	람	에
흔	들	리	지		않	는		것	처	럼	지
혜	로	운		사	람	은		칭	찬	과		비
방	에		흔	들	리	지		않	는	다	.

Just as a solid rock is not swayed by wind, the wise are not swayed by praise or blame.

079
부처님말씀
따라쓰기

오늘의 발원   년   월   일

법구경

덕과 지혜를 갖추어

덕과 지혜를 갖추어 바르게 행동하고
진실을 말하고 자기 의무를 다하는 사람은
이웃에게 사랑을 받는다.

덕	과		지	혜	를		갖	추	어		바
르	게		행	동	하	고		진	실	을		말
하	고		자	기		의	무	를		다	하	는
사	람	은		이	웃	에	게		사	랑	을
받	는	다	.								

Based on the cultivation of virtue and wisdom, one acts correctly, speaks truth and fulfills their duties. Such people will be loved by neighbors.

081
부처님말씀
따라쓰기

오늘의 발원   년   월   일

열반경

어리석은 이는

어리석은 이는 범부와 성인을 나누어 보지만
지혜로운 사람은 범부와 성인이 서로
다르지 않음을 깨달아 알 뿐이다.

어리석은 이는 범부와
성인을 나누어 보지만 지
혜로운 사람은 범부와 성
인이 서로 다르지 않음을
깨달아 알 뿐이다.

The foolish differentiate between the ordinary and sages, but the wise know that the ordinary and sages are not different.

083
부처님말씀
따라쓰기

오늘의 발원   년 월 일

법구경

좋은 것에서부터 슬픔이 생기고

마음에 좋고 나쁜 것을 따지지 마라.
좋은 것에서부터 슬픔이 생기고,
근심이 생기고, 속박이 생겨난다.

Do not distinguish between good and bad. Sorrow, worries and mental impediments also arise from what one may perceive as good.

085
부처님말씀
따라쓰기

오늘의 발원   년 월 일

소부경전

036 만약 물이 항상 있다면

만약 물이 항상 있다면
우물이 무슨 소용 있으랴.
만약 욕심이 전혀 없다면
무엇을 바라고 무엇을 구하리.

만	약		물	이		항	상		있	다	면
우	물	이		무	슨		소	용		있	으	랴
만	약		욕	심	이		전	혀		없	다	면
무	엇	을		바	라	고		무	엇	을		구
하	리	.										

What good is a well if water is always available? What good is it to want or obtain anything if one has no desires?

087
부처님말씀
따라쓰기

오늘의 발원   년 월 일

아함경

만족할 줄 아는 사람은

만족할 줄 아는 사람은 가난한 듯하여도
사실은 부유하다.
이를 가리켜 지족(知足)이라 한다.

만	족	할		줄		아	는		사	람	은
가	난	한		듯	하	여	도		사	실	은	
부	유	하	다	.		이	를		가	리	켜		지
족	이	라		한	다	.						

He who knows satisfaction is truly wealthy, even though he may look poor. He is aware that he has enough.

089
부처님말씀
따라쓰기

오늘의 발원　　　　　　　년　월　일

법구경

자기를 이기는 것이

자기를 이기는 것이 가장 현명하니
사람 가운데 영웅이라 한다.

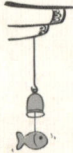

One who has conquered himself deserves to be called a hero as he is wisest among men.

091
부처님말씀
따라쓰기

오늘의 발원

년 월 일

금강경

039 모든 존재는 이슬 같고

모든 존재는 꿈과 환상, 물거품, 그림자와 같으며
또한 이슬 같고 번갯불 같으니
마땅히 이와 같이 볼 줄 알아야 한다.

All things are like a dream, a phantom, a bubble, a shadow, a drop of dew, or a flash of lightning. That is how to observe them.

093
부처님말씀
따라쓰기

오늘의 발원 　　　　　　　　　　　　　　년　월　일

열반경

040 모든 존재는 변화하기에

모든 존재는 변화하기에 끊임없이 일어났다
사라진다네. 일어남과 사라짐이 사라진다면
진정한 행복이 찾아온다네.

As all things are in constant flux, they arise and cease
endlessly. When arising and ceasing are vanquished, true
happiness will greet one.

095
부처님말씀
따라쓰기

오늘의 발원

년 월 일

법구경

어른을 존경하고

어른을 존경하고 어진 이를 받들며
가르침을 받으면 오래 살고 아름다워지며
정신과 육체가 건강해진다.

어	른	을		존	경	하	고		어	진
이	를		받	들	며		가	르	침	을		받
으	면		오	래		살	고		아	름	다	워
지	며		정	신	과		육	체	가		건	강
해	진	다	.						

When you respect elders, revere benevolent people and learn from them, you will enjoy long life and beauty, as well as a sound body and mind.

097
부처님말씀
따라쓰기

오늘의 발원　　　　　　　　　　　　　　　년　월　일

대장엄론경

042 몸은 마른 나무와 같고

몸은 마른 나무와 같고 화는 성난 불길과 같다.
그러므로 화가 일어나면 남을 태우기 전에
먼저 자기 자신을 태운다.

몸	은		마	른		나	무	와		같	고
화	는		성	난		불	길	과		같	다	.
그	러	므	로		화	가		일	어	나	면
남	을		태	우	기		전	에		먼	저
자	기		자	신	을		태	운	다	.

The body is like a dry log, and anger, like a raging flame. Thus, anger, once it arises, burns oneself before it burns others.

099
부처님말씀
따라쓰기

오늘의 발원   년 월 일

수능엄경

물을 둥근 그릇에 담으면

물을 둥근 그릇에 담으면 둥글게 되고
네모난 그릇에 담으면 네모가 된다.

Water takes a round form when held in a round vessel and a square form when held in a square vessel.

부처님말씀 따라쓰기 101

오늘의 발원   년 월 일

안반경

044 손가락 한 번 튕기는 사이에

손가락 한 번 튕기는 사이에
마음은 960번 움직인다.

In the fleeting moment of snapping your fingers, your mind moves 960 times.

103
부처님 말씀
따라쓰기

오늘의 발원   년 월 일

법구경

045 미움 속에 살면서

미움 속에 살면서 미워하지 않음이여,
내 삶은 더없이 행복하여라.
사람들 서로서로 미워하는 그 속에서
나만이라도 미워하지 말고 물처럼 살아가자.

미	움		속	에		살	면	서		미	워
하	지		않	음	이	여	,		내		삶	은
더	없	이		행	복	하	여	라	.		사	람	들
서	로	서	로		미	워	하	는		그		속
에	서		나	만	이	라	도		미	워	하	지
말	고		물	처	럼		살	아	가	자	.

Being free from hatred in a world of hatred, I live a happier life. Amidst people who hate each other, I want to live like water without hating any soul.

105
부처님말씀
따라쓰기

오늘의 발원　　　　　　　　　　년　월　일

법구경

남을 원망하는 마음으로는

남을 원망하는 마음으로는
누구에게도 원망을 풀 수 없다.
오직 원망을 떠남으로써만 원망을 풀 수 있다.
이것은 영원히 변치 않는 진리이다.

남	을		원	망	하	는		마	음	으	로
는		누	구	에	게	도		원	망	을		풀
수		없	다	.	오	직		원	망	을		떠
남	으	로	써	만		원	망	을		풀		수
있	다	.		이	것	은		영	원	히		변	치
않	는		진	리	이	다	.

In this world, hatred is never appeased by hatred. By non-hatred alone is hatred appeased. This is everlasting truth.

107
부처님말씀
따라쓰기

오늘의 발원   년 월 일

숫타니파타

047 바람이 솜을 저 멀리 날려 보내듯

바람이 솜을 저 멀리 날려 보내듯
자신의 진정한 행복을 추구하는 사람은
번뇌의 화살을 뽑아 버린다.

바	람	이		솜	을		저		멀	리
날	려		보	내	듯		자	신	의		진	정
한		행	복	을		추	구	하	는		사	람
은		번	뇌	의		화	살	을		뽑	아
버	린	다	.						

As the wind blows away a piece of cotton, he who seeks happiness should remove the arrow causing his spiritual afflictions.

109
부처님말씀
따라쓰기

오늘의 발원
　　　　　　　　　　　　　　　　　　　　　년　월　일

열반경

사람에 의지하지 마라

법에 의지하고 사람에 의지하지 마라.
뜻에 의지하고 말에 의지하지 마라.
지혜에 의지하고 지식에 의지하지 마라.

Rely not on people but on Dharma. Rely not on words but on intention. Rely not on knowledge but on wisdom.

111
부처님말씀
따라쓰기

오늘의 발원   년 월 일

잡보장경

049 벙어리처럼 침묵하고

벙어리처럼 침묵하고 임금처럼 말하며
눈처럼 냉정하고 불처럼 뜨거워라.
태산 같은 자부심을 갖고,
누운 풀처럼 자기를 낮추어라.

벙	어	리	처	럼		침	묵	하	고		임
금	처	럼		말	하	며		눈	처	럼		냉
정	하	고		불	처	럼		뜨	거	워	라	.
태	산		같	은		자	부	심	을		갖	고,
누	운		풀	처	럼		자	기	를		낮	추
어	라	.

Be silent like a mute, speak like a king, be calm like snow, and passionate like fire. With self-esteem as solid and firm as a mountain, humble yourself like the lowly grass.

부처님말씀
따라쓰기

오늘의 발원   년 월 일

중일아함경

병든 사람을 문안하는 것은

병든 사람을 문안하는 것은
나(부처)를 문안하는 것이요,
병든 사람을 간호하는 것은
나(부처)를 간호하는 것이다.

병든	사람을	문안하는
것은	나를	문안하는	것이
오, 병든	사람을	간호하는
것은	나를	간호하는	것이
다.		

To visit the sick is to visit me(the Buddha), and to look after the ailing is to look after me.

부처님말씀
따라쓰기

오늘의 발원   년 월 일

경률이상

051 진실한 말은

진실한 말은 으뜸가는 계율이요,
진실한 말은 하늘을 오르는 사다리다.

Sincere speech is the supreme precept; sincere speech is a ladder to Heaven.

117
부처님말씀
따라쓰기

오늘의 발원   년 월 일

불본행경

착한 벗이

착한 벗이 좋기는 하지만
바른 생각만 못하다.

Good friends are nice but not better than upright thoughts.

119
부처님말씀
따라쓰기

오늘의 발원   년   월   일

법구경

분노를 정복하는 것은

분노를 정복하는 것은 겸손과 자비요,
악한 마음을 정복하는 것은 착함과 지혜라네.

분	노	를		정	복	하	는		것	은
겸	손	과		자	비	오	,	악	한		마	음
을		정	복	하	는		것	은		착	함	과
지	혜	라	네	.								

Anger is conquered by humility and compassion, while ill will, through goodness and wisdom.

121
부처님말씀
따라쓰기

오늘의 발원   년   월   일

대장엄론경

비록 많이 들어 알아도

비록 많이 들어 알아도 자기 체험이 없으면
장님이 등불을 들어 남을 밝혀 주면서
자기 앞은 보지 못하는 것과 같다.

Even if you know many things from learning, without your own experiences, this learning can be compared to a blind man holding a lamp; he illuminates the path of others but cannot see what's right before him.

123
부처님말씀
따라쓰기

오늘의 발원

년 월 일

법구경

055 비록 사람에게 잘못이 있더라도

비록 사람에게 잘못이 있더라도
뒤에 삼가 다시 짓지 않으면
그는 이 세상을 비추리,
구름을 벗어난 달과 같이.

Even if one has been heedless in the past, if one becomes heedful they will illuminate the world like the moon freed from the clouds.

부처님말씀
따라쓰기

오늘의 발원

년　월　일

잡보장경

056 사나우면 남들이 꺼려 하고

사나우면 남들이 꺼려 하고
나약하면 남들이 업신여기나니
사나움과 나약함을 버려
지혜롭게 중도를 지켜라.

The fierce are shunned while the weak are pitied. Be neither fierce nor weak but walk the Middle Way with wisdom.

127
부처님말씀
따라쓰기

오늘의 발원   년 월 일

반야경
057 사람들로부터 멀리 떨어져

사람들로부터 멀리 떨어져
홀로 숲 속에 사는 것은 진정한 은둔이 아니다.
진정한 은둔이란 좋고 싫음의 분별로부터
자유로워지는 것이다.

 Genuine seclusion doesn't mean to live alone in the forest away from people. True seclusion is to become free from distinguishing between good and bad.

129
부처님말씀
따라쓰기

오늘의 발원 　　　　　　　　　년 월 일

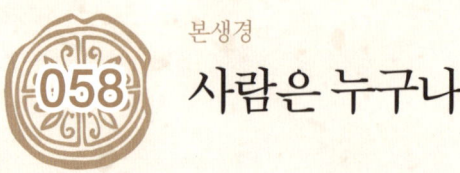

본생경

058 사람은 누구나

사람은 누구나 자기 업을 따라 살아간다.
좋은 씨앗을 뿌렸든 나쁜 씨앗을 뿌렸든
자기가 뿌린 씨앗을 자기가 거두는 것과 같다.

사	람	은		누	구	나		자	기		업
을		따	라		살	아	간	다	.		좋	은
씨	앗	을		뿌	렸	든		나	쁜		씨	앗
을		뿌	렸	든		자	기	가		뿌	린
씨	앗	을		자	기	가		거	두	는		것
과		같	다	.

One lives according to their karma. This may be likened to a farmer who reaps what he has sown, be they wholesome seeds or unwholesome.

부처님말씀 따라쓰기

오늘의 발원

년 월 일

숫타니파타

059 사람은 태어날 때

사람은 태어날 때 입안에 도끼를 가지고 나온다.
어리석은 사람은 말을 함부로 함으로써
그 도끼로 자신을 찍고 만다.

All are born with a hatchet in the mouth. The foolish cut themselves with the hatchet by speaking imprudently.

133
부처님말씀
따라쓰기

오늘의 발원　　　　　　　　　　년　월　일

법구경

남의 허물을 보지 마라

남의 허물을 보지 마라.
남이 했건 하지 않았건 상관하지 마라.
다만 자신이 저지른 허물과 게으름만 보라.

남	의		허	물	을		보	지		마	라	.
남	이		했	건		하	지		않	았	건	
상	관	하	지		마	라	.	다	만		자	신
이		저	지	른		허	물	과		게	으	름
만		보	라	.								

Let none find fault with others. Let none bother with what others do or do not. But let one only judge one's own acts, both done and undone.

부처님말씀 따라쓰기

오늘의 발원

년 월 일

법원주림
061 저 밝은 거울이

지혜로운 사람은 충고를 듣고
어리석은 사람은 듣지 않는다.
비유하면 저 밝은 거울이
내 얼굴의 결점을 비춤과 같다.

The wise heed sincere advice while the foolish don't. This can be compared to a well-lit mirror reflecting clearly the defects of one's face.

오늘의 발원　　　　　　　　　　　년　월　일

증일아함경

세상에서 가장 하기 어려운 일

세상에는 가장 하기 어려운 두 가지 일이 있다.
첫째는 은혜를 갚는 것이요,
둘째는 큰 은혜는 말할 것도 없고
조그만 은혜라도 잊지 않는 것이다.

There are two difficult matters in the world. The first is repaying kindness. The second is not forgetting the kindnesses, both great and small, bestowed by others.

139
부처님말씀
따라쓰기

오늘의 발원　　　　　　　　　　　년　월　일

증일아함경

063 마음은 원숭이 같아서

마음은 쉬지 않고 나무 사이를 타고 다니는
원숭이와 같다.
그러므로 항상 마음을 안정시키고
항복을 받아야 한다.

마	음	은		쉬	지		않	고		나	무
사	이	를		타	고		다	니	는		원	숭
이	와		같	다	.		그	러	므	로		항	상
마	음	을		안	정	시	키	고		항	복	을
받	아	야		한	다	.							

The human mind is like a monkey ceaselessly swinging through the trees. Therefore, we should always collect our thoughts and discipline them.

141
부처님말씀
따라쓰기

오늘의 발원   년   월   일

숫타니파타

064 무소의 뿔처럼 혼자서 가라

소리에 놀라지 않는 사자와 같이,
그물에 걸리지 않는 바람과 같이,
흙탕물에 더럽혀지지 않는 연꽃과 같이,
무소의 뿔처럼 혼자서 가라.

			소	리	에		놀	라	지		않	는		사
자	와		같	이	,		그	물	에		걸	리	지	
않	는		바	람	과		같	이	,		흙	탕	물	
에		더	럽	혀	지	지		않	는		연	꽃		
과		같	이	,		무	소	의		뿔	처	럼		
혼	자	서		가	라	.								

Unstartled like a lion at sounds, unsnared like the wind in a net, unsmeared like a lotus in water, one should wander alone like a rhinoceros horn.

오늘의 발원

정법염처경

065 아름다운 말을 쓰는 사람은

지혜로운 사람은 나쁜 말을 버리고
바른말을 항상 즐기어 쓰나니
그러한 아름다운 말을 쓰는 사람은
곧 열반을 얻으리라.

Wise people refute unwholesome words and enjoy uplifting words. Those who use loving speech in this way will soon attain nirvana.

오늘의 발원

년   월   일

열반경

066 선지식은 뱃사공과 같다

*선지식은 뱃사공과 같다.
이 생사의 바다에서 우리를 저 언덕으로
건네주기 때문이다.

*선지식 : 선종에서 수행자들의 스승을 이르는 말.

선	지	식	은		뱃	사	공	과		같	다.
이		생	사	의		바	다	에	서		우	리
를		저		언	덕	으	로		건	네	주	기
때	문	이	다.									

Virtuous teachers can be compared to boatmen because they carry us from the ocean of samsara to the other shore.

147
부처님말씀
따라쓰기

오늘의 발원   년 월 일

법구경

쉬지 않고 끊임없이 계속하면

쉬지 않고 끊임없이 계속하면
무슨 일이든 마침내 이루어진다.
저 시냇물이 흘러 흘러 마침내 바다에 이르듯이.

One can accomplish anything if one keeps at it steadily without ceasing, like a stream that flows ceaselessly and eventually reaches the sea.

149
부처님말씀
따라쓰기

오늘의 발원 년 월 일

아함경

스스로 어리석은 줄 아는 사람은

스스로 어리석은 줄 아는 사람은
어리석은 사람이 아니다.
참으로 어리석은 사람은 자신이 어리석다는
사실조차 모르는 사람이다.

One who knows they have been foolish is no longer foolish. True foolishness is not to be aware of one's own foolishness.

오늘의 발원

년 월 일

불소행찬

069 달빛이 여름에는 시원하지만

달빛이 여름에는 시원하지만
겨울에는 추위와 괴로움을 더해 주듯이
세상의 모든 존재는 다 고정된 모습이 없다네.

Moonlight makes the summers seem cooler but the winters colder. Likewise, all things in the universe are not static.

153
부처님말씀
따라쓰기

오늘의 발원   년   월   일

숫타니파타

070 진정한 친구

아기가 엄마 품에 안기듯이
그 사람을 의지하고,
다른 사람 때문에 그 사이가 멀어지지 않는
사람이야말로 진정한 친구다.

True friends are those you can rely on, like a baby in his mother's embrace, and will not abandon you over other's words or actions.

오늘의 발원

유마힐경

071 부처의 깨달음은

부처의 깨달음은 어디서 구해야 합니까?
모든 중생의 마음[心行]에서 구해야 할 것입니다.

Where can one seek the Buddha's enlightenment? They must find it in the operation of the mind of sentient beings.

오늘의 발원

년 월 일

잡아함경

스스로 마음을 거두어 잡으면

어떤 사람이 게으르다가도
스스로 마음을 거두어 잡으면
구름 걷혀 나타나는 달과 같이
세간을 밝게 비추리라.

When one composes one's mind, regretting his laziness, he can illuminate the world brightly, just as the moon casts a bright light when it is not veiled by clouds.

159
부처님말씀
따라쓰기

오늘의 발원   년 월 일

장아함경

073 깊이 인연을 보아

깊이 인연을 보아 아는 사람은
자기를 떠나 밖에서 스승을 구하지 않는다.

깊	이		인	연	을		보	아		아	는
사	람	은		자	기	를		떠	나		밖	에
서		스	승	을		구	하	지		않	는	다	.

Who have truly seen their karmic ties will not seek teachers outside of themselves.

오늘의 발원   년 월 일

장아함경

마음의 변덕을 따라

마음의 변덕을 따라 이리저리 흔들리지 마라.
항상 마음을 잘 다스려서 부드럽고 순하고
고요함을 지니도록 하라.

Don't be swayed by the whims of the mind. Govern your mind well so as to keep it supple, gentle and calm.

오늘의 발원

년   월   일

잡아함경

075 얼룩새의 몸은 하나지만

얼룩새의 몸은 하나지만
몸의 색깔은 수없이 많듯
사람 역시 몸은 하나지만
마음의 얼룩은 얼룩새의 빛깔보다 더 많으니라.

A speckled bird has one body but innumerable speckles. Likewise, a person has one body but more blemishes in his mind than the speckles on a speckled bird.

165
부처님말씀
따라쓰기

오늘의 발원

년 월 일

불소행찬

세 종류의 벗이 있으니

세 종류의 벗이 있으니,
이롭지 않은 것은 없애 주는 벗,
이로운 일은 만들어 주는 벗,
어려울 때는 버리지 않는 벗이라네.

There are three kinds of friends: Those who help friends overcome unwholesome things, those who create wholesome things for friends and those who do not desert friends in need.

부처님말씀 따라쓰기

오늘의 발원   년 월 일

아함경

077 오늘의 나는

오늘의 나는 지난날 내 행동의 결과이니,
나는 내 행동의 상속자이다.

오	늘	의		나	는		지	난	날		내
행	동	의		결	과	이	니	,	나	는		내
행	동	의		상	속	자	이	다	.		

What I am today is the result of my past deeds. I am the heir of my deeds.

169
부처님말씀
따라쓰기

오늘의 발원

년 월 일

자경문

078 아무리 많아도

올 때 한 물건도 가져오지 않았고
갈 때 또한 빈손으로 간다.
아무리 많아도 아무것도 가져가지 못하고
오직 지은 업만 따라갈 뿐이다.

올	때	한	물건도	가져
오지	않았고	갈	때	또한
빈손으로	간다.	아무리	많
아도	아무것도	가져가지
못하고	오직	지은	업만
따라갈	뿐이다.

One comes into this world with nothing and departs with nothing. No matter how much wealth one possesses, they cannot take it with them. Only the karma they accrue will follow them.

171
부처님말씀
따라쓰기

오늘의 발원

년 월 일

아함경

079 욕심 없는 사람에게는

욕심 없는 사람에게는
마음의 고통이 존재하지 않는다.

Without greed, mental anguish doesn't exist.

173
부처님말씀
따라쓰기

오늘의 발원   년 월 일

숫타니파타

080 우정이 끊어질까 염려하여

우정이 끊어질까 염려하여
듣기 좋은 말을 하면서도
친구의 결점만을 보는 사람은
진정한 친구가 아니다.

Those, who compliment us for fear of losing our friendship while only seeing our faults, are not true friends.

175
부처님말씀
따라쓰기

오늘의 발원   년 월 일

잡아함경

청정한 믿음을 가진 사람은

청정한 믿음을 가진 사람은 마음이 자유롭고,
지혜로운 사람은 앎으로부터 자유롭다.

With pure faith one is free from mental bondage, and with wisdom one is free from conceptual knowledge.

177
부처님말씀 따라쓰기

오늘의 발원   년 월 일

불유교경

마음을 놓아 버리면

마음을 놓아 버리면
모든 착한 일을 잃어버리게 하지만,
그것을 한곳에 모아 두면
이루지 못할 일이 없다.

With a scattered mind one loses all one's accrued merits from good deeds, but with a collected mind there is nothing one cannot achieve.

부처님말씀
따라쓰기

오늘의 발원 　　　　　　　년　월　일

상응부경전

083 자기 자신보다 사랑스러운 것은

세상에서 자기 자신보다 사랑스러운 것은 없다.
그러므로 자신이 사랑스러운 사람은
남을 해쳐서는 아니 된다.

	세	상	에	서		자	기		자	신	보	다
사	랑	스	러	운		것	은		없	다	.	그
러	므	로		자	신	이		사	랑	스	러	운
사	람	은		남	을		해	쳐	서	는		아
니		된	다	.								

In this world, nothing is more cherished than one's self.
Thus, he who adores himself should not harm others.

181
부처님말씀
따라쓰기

오늘의 발원　　　　　　　년　월　일

잡보장경

이기심을 채우고자

이기심을 채우고자 정의를 등지지 말며
원망을 원망으로 갚지 마라.

Do not turn your back on justice to fulfill your selfish desire nor return hatred with hatred.

183
부처님말씀
따라쓰기

오늘의 발원

년 월 일

불반니원경

085 마음이 사람답게 만들기도 하고

마음이 사람답게 만들기도 하고
마음이 짐승으로 만들기도 하며
마음이 지옥을 만들기도 한다.

마	음	이		사	람	답	게		만	들	기
도		하	고		마	음	이		짐	승	으	로
만	들	기	도		하	며		마	음	이		지
옥	을		만	들	기	도		한	다	.		

Mind can make one a decent human being or a beast.
Mind can also make one's life hell.

오늘의 발원

년 월 일

숫타니파타

086 인간의 목숨은 예측할 수 없고

인간의 목숨은 예측할 수 없고
언제까지 살지 알 수도 없다.
그리고 살아가는 동안에도 괴로움은
언제나 그림자처럼 뒤따른다.

인	간	의		목	숨	은		예	측	할
수		없	고		언	제	까	지		살	지
알		수	도		없	다	.		그	리	고	살
아	가	는		동	안	에	도		괴	로	움	은
언	제	나		그	림	자	처	럼		뒤	따	른
다	.

As life is unpredictable, one never knows when death will come. Regardless, life is always accompanied by suffering that follows us faithfully like our own shadow.

부처님말씀 따라쓰기

오늘의 발원   년 월 일

열반경

087 인연 따라 생긴 것은

인연 따라 생긴 것은 바뀌고 변하게 마련이다.
막을 수도 없다.
한번 모인 것은 반드시 헤어지기 마련이니
이 몸 또한 내 소유가 아님을 알라.

All that exists as the result of causes and conditions will change. This change also cannot be forestalled. All that comes together will ultimately disperse. Know that this body is not your possession.

189
부처님말씀
따라쓰기

오늘의 발원

년 월 일

출요경

088 입에는 네 가지 허물이 있으니

입에는 네 가지 허물이 있으니,
거짓말과 나쁜 말과 남을 싸움 붙이는 말과
교묘하게 꾸민 말을 하지 말아야 한다.

	입	에	는		네		가	지		허	물	이
있	으	니	,		거	짓	말	과		나	쁜		말
과		남	을		싸	움		붙	이	는		말
과		교	묘	하	게		꾸	민		말	을
하	지		말	아	야		한	다	.		

One's mouth has four kinds of faults: lies, unkind words, quarrelsome words and flattery.

부처님말씀
따라쓰기

오늘의 발원

년　월　일

법구경

자기의 얻음을 불평하고

자기의 얻음을 불평하고
남의 얻음을 부러워하면
마음의 안정을 이룰 수 없다.

Those who don't appreciate what they have but instead envy the gain of others, will never attain peace of mind.

오늘의 발원

년 월 일

자타카

적으면 적은 대로 베풀고

적으면 적은 대로 베풀고
중간 정도면 또 그대로 베풀며
많으면 많은 대로 베풀라.

Give a little when you have a little; give a medium amount when you have a medium amount; and give a lot when you have a lot.

195
부처님말씀
따라쓰기

오늘의 발원 년 월 일

정법경

091 썩은 진흙 물에서 연꽃이

썩은 진흙 물에서 연꽃이 피어날 수 있듯이
삿된 업을 지은 중생도
불법의 씨앗을 틔울 수 있다.

Just as a lotus can bloom in muddy water, so can beings who have accrued unwholesome karma sprout the seeds of the Buddha-dharma.

197
부처님말씀
따라쓰기

오늘의 발원   년 월 일

잡아함경

092 히말라야를 황금으로 만들고

저 히말라야를 둔갑시켜 황금으로 만들고
그것을 다시 곱절로 만든다 해도
한 사람의 욕심도 채울 수 없다.
사람들아, 이것을 알고 올바르게 행하라.

저		히	말	라	야	를		둔	갑	시	켜
황	금	으	로		만	들	고		그	것	을
다	시		곱	절	로		만	든	다		해	도
한		사	람	의		욕	심	도		채	울
수		없	다	.	사	람	들	아	,	이	것	을
알	고		올	바	르	게		행	하	라	.

Even if the Himalayas were transformed into gold and this gold was doubled, it could not even satisfy the desires of a single person. Good men! You must understand this correctly and act accordingly.

199
부처님말씀
따라쓰기

오늘의 발원

년 월 일

법구경
093 지금 이 순간을

지금 이 순간을 진실하고 굳세게 살아가는 것, 그것이 하루하루를 살아가는 최선의 길이다.

|지|금| |이| |순|간|을| |진|실|하|
|고| |굳|세|게| |살|아|가|는| |것,|
|그|것|이| |하|루|하|루|를| |살|아|가|
|는| |최|선|의| |길|이|다|.| | | |

To live the present moment sincerely and bravely; that is the best policy to live each day.

201
부처님말씀
따라쓰기

오늘의 발원

년 월 일

백유경

어떤 일이든 때가 있는 법

어떤 일이든 때가 있는 법.
때가 채 이르기도 전에 애를 쓰면
도리어 화를 당한다.

There is an opportune moment for everything. If you exert yourself too hard before that moment arrives, you may meet with disaster.

오늘의 발원

년 월 일

법구경

인자하여 생물을 죽이지 않고

인자하여 생물을 죽이지 않고
말을 삼가고 마음을 지키면
거기는 죽음이 없는 곳,
어디를 가나 근심이 없으리라.

If you don't take life, are careful with your words, and guard your mind, you reside in a deathless realm. Then, you will have no worries wherever you are.

205
부처님말씀
따라쓰기

오늘의 발원

년 월 일

법구경

지난날의 일을 참회하고

지난날의 일을 참회하고,
현재를 성실하게 살아간다면
몸도 마음도 건강해지리라.

지	난	날	의		일	을		참	회	하	고,
현	재	를		성	실	하	게		살	아	간	다
면		몸	도		마	음	도		건	강	해	지
리	라	.									

He who repents the deeds of the past and lives sincerely in the present will have a sound body and mind.

207
부처님말씀
따라쓰기

오늘의 발원

년 월 일

보리행경

097 마음이 산란하여

마음이 산란하여 안정되지 않으면
듣고 사유하고 관찰하라.
그릇에서 물이 새면 물은 채워지지 않는다.

마	음	이		산	란	하	여		안	정	되
지		않	으	면		듣	고		사	유	하	고
관	찰	하	라	.		그	릇	에	서		물	이
새	면		물	은		채	워	지	지		않	는
다	.											

When your mind is not readily calmed after a distraction, do listen, reflect and observe. A leaking pot will never be filled.

209
부처님말씀
따라쓰기

오늘의 발원   년 월 일

난제석경

098 지혜로운 사람은 삿됨 속에서도

지혜로운 사람은 삿됨 속에서도
정직하려 하고,
비록 원망스러운 일이 있어도
그 마음을 버려 스스로 속상해 하지 않는다.

The wise strive to be honest even in dire situations; they let go of resentment even in the midst of resentful experiences and thus never have any mental suffering.

211
부처님말씀
따라쓰기

오늘의 발원   년   월   일

숫타니파타

집에 붙은 불을 물로 꺼 버리듯

집에 붙은 불을 물로 꺼 버리듯
지혜롭고 현명한 사람은
슬픔이 이는 것을 재빨리 꺼 버린다.

집	에		붙	은		불	을		물	로
꺼		버	리	듯		지	혜	롭	고		현	명
한		사	람	은		슬	픔	이		이	는
것	을		재	빨	리		꺼		버	린	다	.

Just as the fire in a burning house is extinguished with water, so a wise and sensible man should quickly conquer any sorrow that arises.

213
부처님말씀
따라쓰기

오늘의 발원   년 월 일

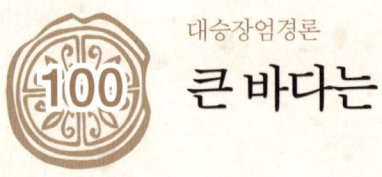

대승장엄경론
큰 바다는

큰 바다는 널리 온갖 물을 받아들이지만
차는 일이 없고 넘치는 일이 없다.

큰		바	다	는		널	리		온	갖
물	을		받	아	들	이	지	만	차	는
일	이		없	고		넘	치	는	일	이
없	다	.								

The oceans receive all the water from all the rivers, but they never fill up nor overflow.

215
부처님말씀
따라쓰기

오늘의 발원   년 월 일

사십이장경

101 재난과 화는

재난과 화는 그대 몸에 있는 것,
마치 메아리가 소리를 따라 일어나고
그림자가 형체를 따르는 것과 같으니
부디 악업을 행하지 마라.

재	난	과		화	는		그	대		몸	에
있	는		것	,		마	치		메	아	리	가
소	리	를		따	라		일	어	나	고		그
림	자	가		형	체	를		따	르	는		것
과		같	으	니		부	디		악	업	을	
행	하	지		마	라	.						

Disaster and misfortune lie within you. This can be compared to an echo arising from a sound or a shadow following an object. Thus, I admonish you not to do evil.

217
부처님말씀
따라쓰기

오늘의 발원

년 월 일

장아함경

102 마음이 하늘도 만들고

마음이 하늘도 만들고
지옥도 만들고 극락도 만드나니,
마음을 좇아가지 말고
마음의 주인이 되어라.

It is the mind that fabricates heaven, hell or paradise. Do not follow the whims of your mind; be the master of it.

219
부처님말씀
따라쓰기

오늘의 발원

년 월 일

아함경

헛된 삶으로 이끄는

헛된 삶으로 이끄는 그릇된 집착을 버리고
세상을 있는 그대로 바라볼 때
죽음에 대한 공포는 사라진다.

Renounce misguided attachments that lead to a vain life. When you see the world as it truly is, fear of death will disappear.

221 부처님말씀 따라쓰기

오늘의 발원

년 월 일

불반니원경

104 혀를 놀려 거짓말하지 말고

혀를 놀려 거짓말하지 말고,
말로 다른 사람에게 상처를 주지 말라.

Do not tell lies with your tongue, and do not hurt others with words.

223
부처님말씀
따라쓰기

오늘의 발원　　　　　　　　년　월　일

숫타니파타
105 형식을 고집하면

형식을 고집하면 온갖 변명과 잡생각에 휘말린다. 지혜로운 사람은 변명도 하지 않고 잡생각에 휘말리지도 않는다.

	형	식	을		고	집	하	면		온	갖
변	명	과			잡	생	각	에		휘	말	린	다	.
지	혜	로	운		사	람	은		변	명	도
하	지		않	고		잡	생	각	에		휘	말
리	지	도		않	는	다	.

If you place importance on form, you become entangled in excuses and worldly thoughts. The wise neither make excuses nor become entangled in worldly thoughts.

225

부처님말씀
따라쓰기

오늘의 발원

년   월   일

중아함경

106 오늘 해야 할 일에

오로지 오늘 해야 할 일에
최선을 다해 땀 흘려 노력하라.
누구인들 내일 죽음이 있음을 알겠는가.

Do your utmost to do the work that needs to be done today and live by the sweat of your brow. No one knows if death will greet them tomorrow.

227
부처님말씀
따라쓰기

오늘의 발원

년 월 일

금강경

지혜로운 사람은

지혜로운 사람은
어리석은 사람을 꾸짖지 않는다.

| 지 | 혜 | 로 | 운 | | 사 | 람 | 은 | | 어 | 리 | 석 |
| 은 | | 사 | 람 | 을 | | 꾸 | 짖 | 지 | | 않 | 는 | 다. |

The wise do not rebuke the foolish.

229
부처님말씀
따라쓰기

오늘의 발원　　　　　　　　　　　년　월　일

금강경

108 그 마음을 내라

마땅히 머무는 바 없이
그 마음을 내라.

Let the mind arise without dwelling on anything.

231
부처님말씀
따라쓰기

오늘의 발원

년 월 일

따라쓰기

2016년 5월 23일 제1판 제1쇄 인쇄
2022년 6월 27일 제1판 제4쇄 발행

지은이 불교방송 펴낸이 강봉구
펴낸곳 비단길 등록번호 제406-2013-0000801호

주소 413-170 경기도 파주시 신촌로 21-30(신촌동) 전화 070-4067-8560
팩스 0505-499-8560 홈페이지 http://www.littleforestpublish.co.kr
이메일 littlef2010@daum.net

ⓒ불교방송 ISBN 978-89-97581-97-9   13220 값은 뒤표지에 있습니다.

※이 책은 저작권법에 따라 보호받는 저작물이므로 무단 전재와 무단 복제를 금합니다.
※이 책의 전부 또는 일부를 이용하려면 반드시 저작권자와 '비단길'의 동의를 받아야 합니다.